Impressum
Verlag: BABADADA GmbH, Nedderfeld 112 , 22529 Hamburg
Geschäftsführer / Verlagsleitung: Harald Hof
Druck: Books on Demand GmbH, In de Tarpen 42, 22848 Norderstedt

Imprint
Publisher: BABADADA GmbH, Nedderfeld 112 , 22529 Hamburg, Germany
Managing Director / Publishing direction: Harald Hof
Print: Books on Demand GmbH, In de Tarpen 42, 22848 Norderstedt, Germany

skole

училище

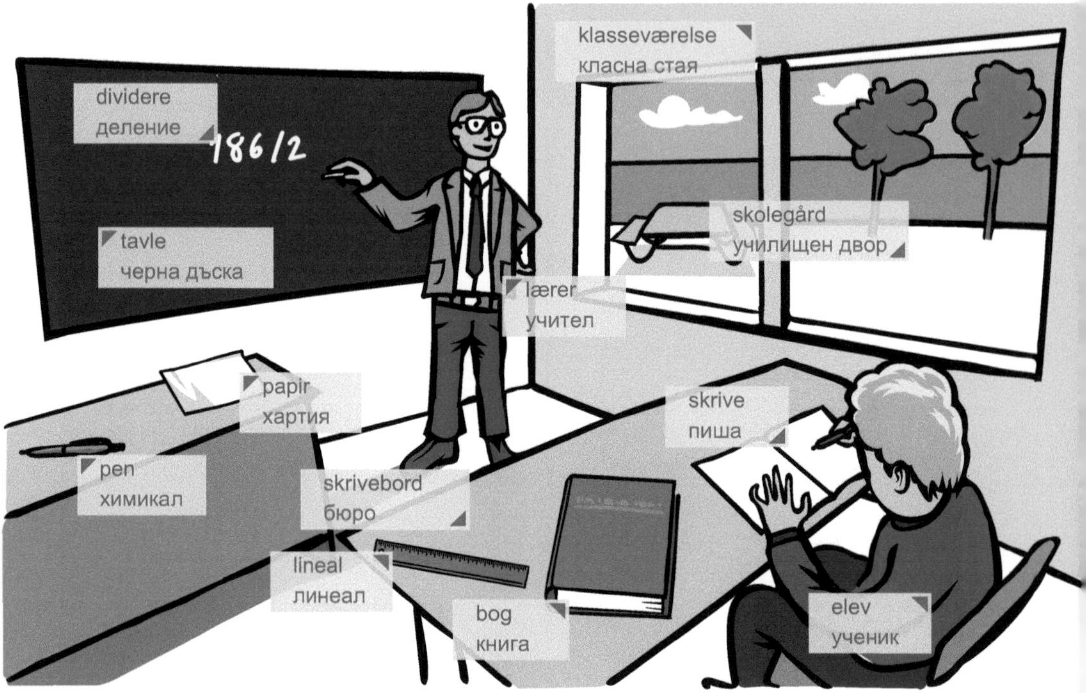

klasseværelse
класна стая
dividere
деление
186/2
tavle
черна дъска
skolegård
училищен двор
lærer
учител
papir
хартия
skrive
пиша
pen
химикал
skrivebord
бюро
lineal
линеал
bog
книга
elev
ученик

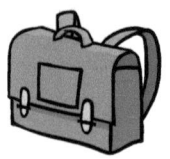

skoletaske

ученическа раница

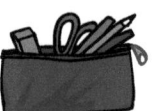

penalhus

ученически несесер

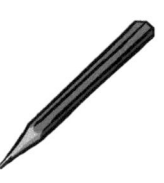

blyant

молив

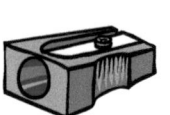

blyantspidser

острилка за моливи

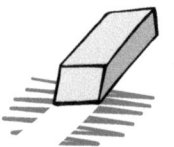

viskelæder

гума

tegneblok

блок за рисуване

tegning

рисунка

pensel

четка

æske med vandfarver

акварелни бои

saks

ножица

lim

лепило

opgavehefte

тетрадка за упражнения

lektie

домашна работа

12

tal

число

2+2

addere

събиране

5-2

subtrahere

изваждане

2×2

multiplicere

умножение

regne

смятане

A

bogstav

буква

ABCDEFG
HIJKLMN
OPQRSTU
VWXYZ

alfabet

азбука

ord

дума

tekst

текст

læse

чета

kridt

тебешир

time

час

klasseprotokol

дневник на класа

eksamen

изпит

karakterbog

свидетелство

skoleuniform

ученическа униформа

uddannelse

образование

leksikon

справочник

universitet

университет

mikroskop

микроскоп

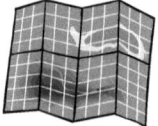

kort

карта

papirkurv

кошче за хартиени
отпадъци

rejse
пътуване

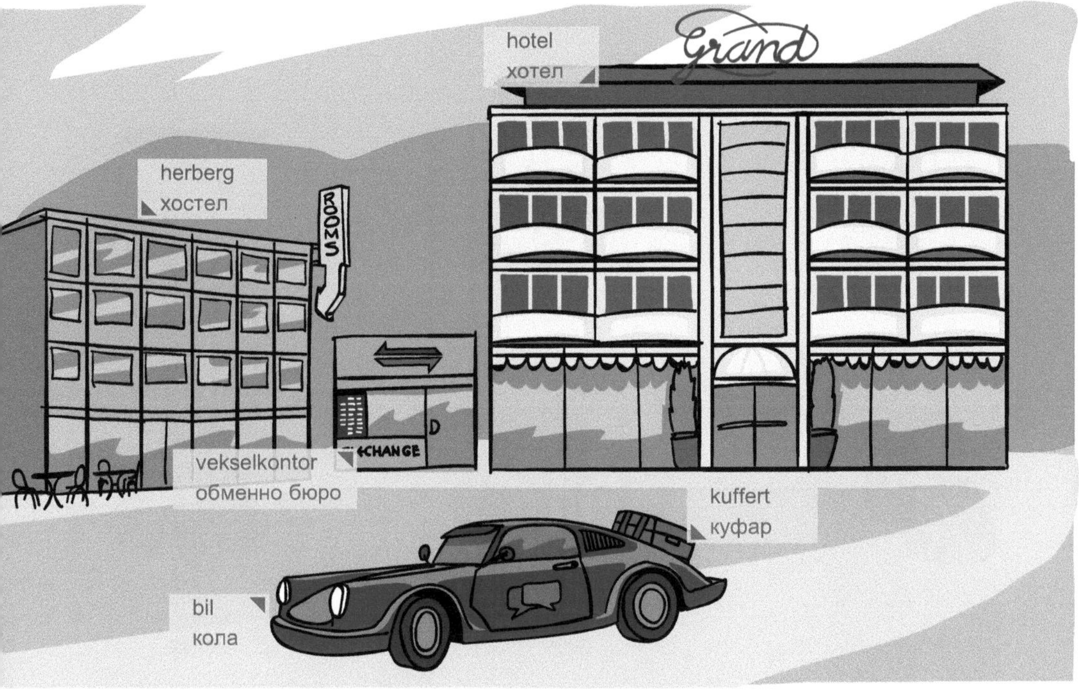
hotel
хотел
Grand
herberg
хостел
ROOMS
vekselkontor
обменно бюро
CHANGE
kuffert
куфар
bil
кола

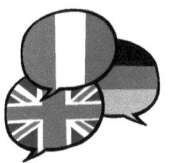

sprog

език

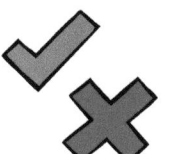

ja / nej

да / не

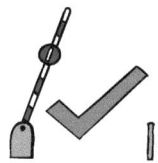

okay

Окей

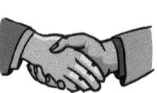

hej

здравей

oversætter

преводач

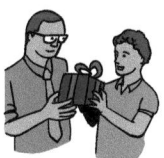

tak

Благодаря

hvad koster…?

Колко струва…?

Jeg forstår ikke

Не разбирам

problem

проблем

God aften!

Добър вечер!

God morgen!

Добро утро!

God nat!

Лека нощ!

farvel

довиждане

retning

посока

bagage

багаж

taske

пътна чанта

rygsæk

раница

gæst

посетител

værelse

стая

sovepose

спален чувал

telt

палатка

turistinformation

туристическа информация

strand

плаж

kreditkort

кредитна карта

morgenmad

закуска

middagsmad

обед

aftensmad

вечеря

billet

билет

elevator

асансьор

frimærke

пощенска марка

grænse

граница

told

митница

ambassade

посолство

visum

виза

pas

паспорт

transport

транспорт

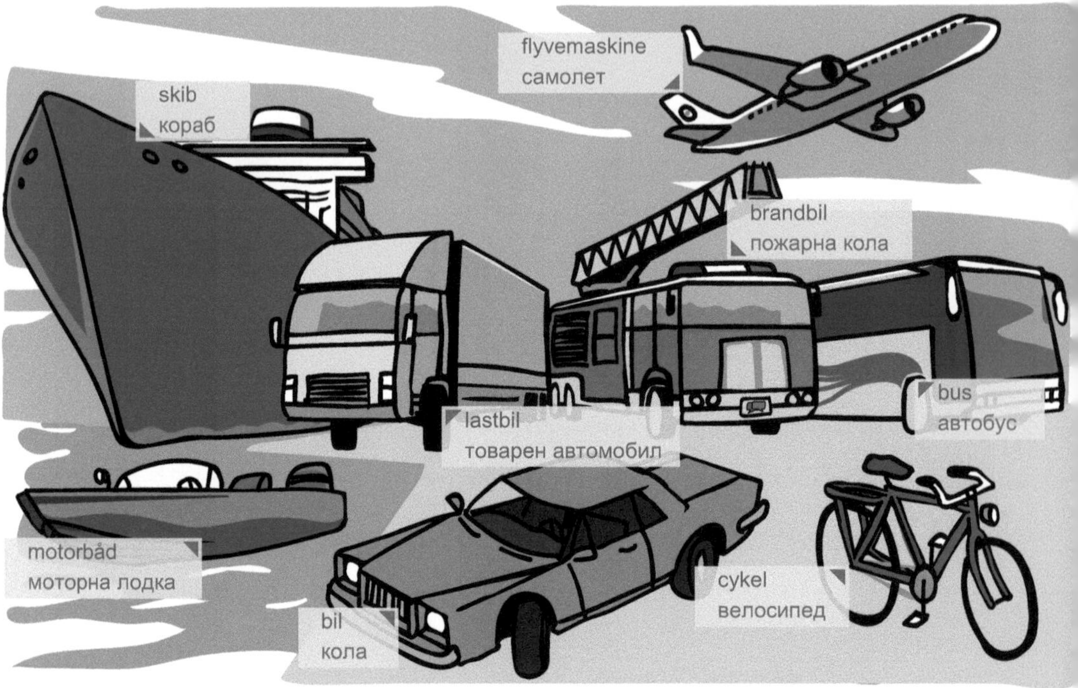
flyvemaskine
самолет
skib
кораб
brandbil
пожарна кола
bus
автобус
lastbil
товарен автомобил
motorbåd
моторна лодка
cykel
велосипед
bil
кола

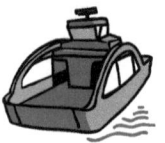

færge

ферибот

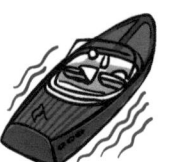

båd

лодка

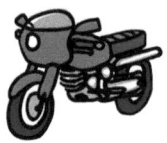

motorcykel

мотоциклет

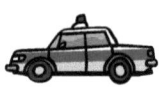

politibil

полицейска кола

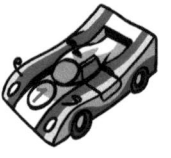

racerbil

състезателна кола

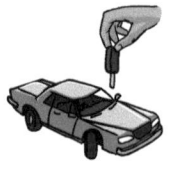

lejebil

кола под наем

samkørsel

каршеринг

kranbil

автомобил от "Пътна помощ"

skraldebil

сметовоз

motor

двигател

benzin

бензин

tankstation

бензиностанция

trafikskilt

пътен знак

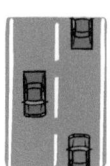

trafik

улично движение

trafikprop

задръстване

parkeringsplads

паркинг

banegård

гара

skinner

релси

tog

влак

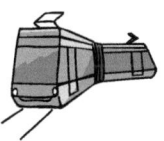

sporvogn

трамвай

wagon

вагон

helikopter

хеликоптер

lufthavn

аерогара

tårn

кула

passager

пасажер

container

контейнер

karton

кашон

kærre

ръчна количка

kurv

кошница

starte / lande

излитам / приземявам се

by

град

landsby

село

bymidte

градски център

hus

къща

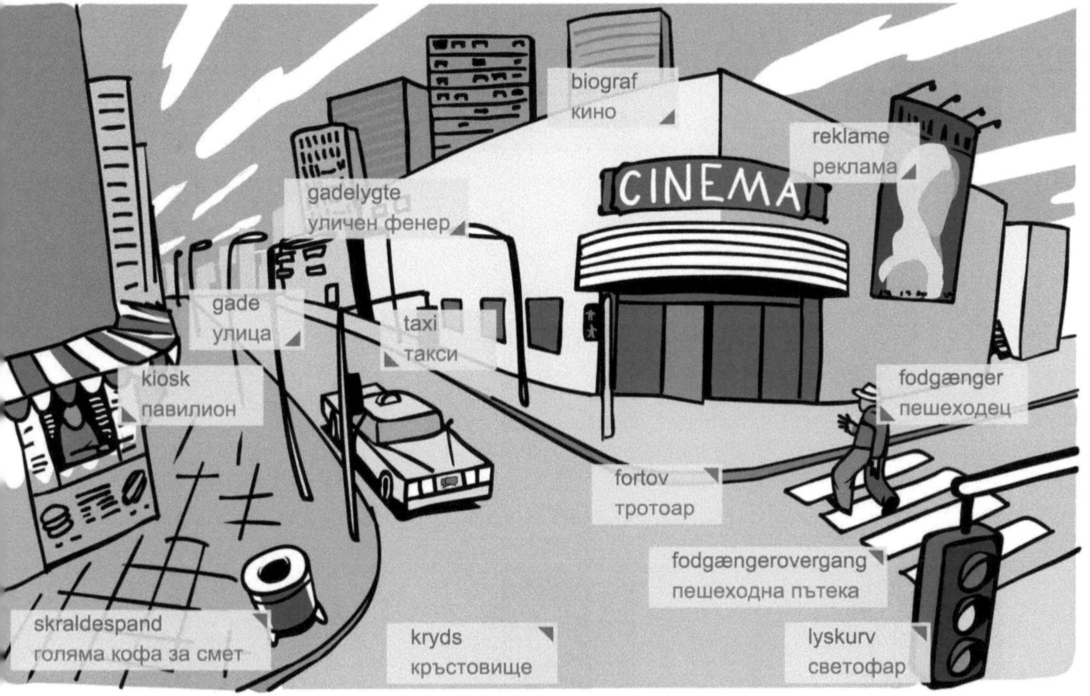
biograf
кино
reklame
реклама
CINEMA
gadelygte
уличен фенер
gade
улица
taxi
такси
kiosk
павилион
fodgænger
пешеходец
fortov
тротоар
fodgængerovergang
пешеходна пътека
skraldespand
голяма кофа за смет
kryds
кръстовище
lyskurv
светофар

hytte

хижа

lejlighed

жилище

banegård

гара

rådhus

кметство

MUSEUM

museum

музей

skole

училище

universitet

университет

bank

банка

sygehus

болница

hotel

хотел

apotek

аптека

kontor

офис

boghandel

книжарница

butik

магазин за цветя

blomsterbutik

магазин за цветя

supermarked

супермаркет

marked

пазар

stormagasin

универсален магазин

fiskehandler

търговец на риба

butikscenter

търговски център

havn

пристанище

park

парк

bænk

пейка

bro

мост

trappe

стълба

undergrundsbane

метро

tunnel

тунел

busstoppested

автобусна спирка

barnevogn

бар

restaurant

ресторант

postkasse

пощенска кутия

vejskilt

улична табелка

parkometer

часовник за паркинг
престой

zoo

зоологическа градина

badeanstalt

плувен басейн

moske

джамия

bondegård

селски двор

miljøforurening

замърсяване на околната среда

kirkegård

гробище

kirke

църква

legeplads

детска площадка

tempel

храм

landskab

пейзаж

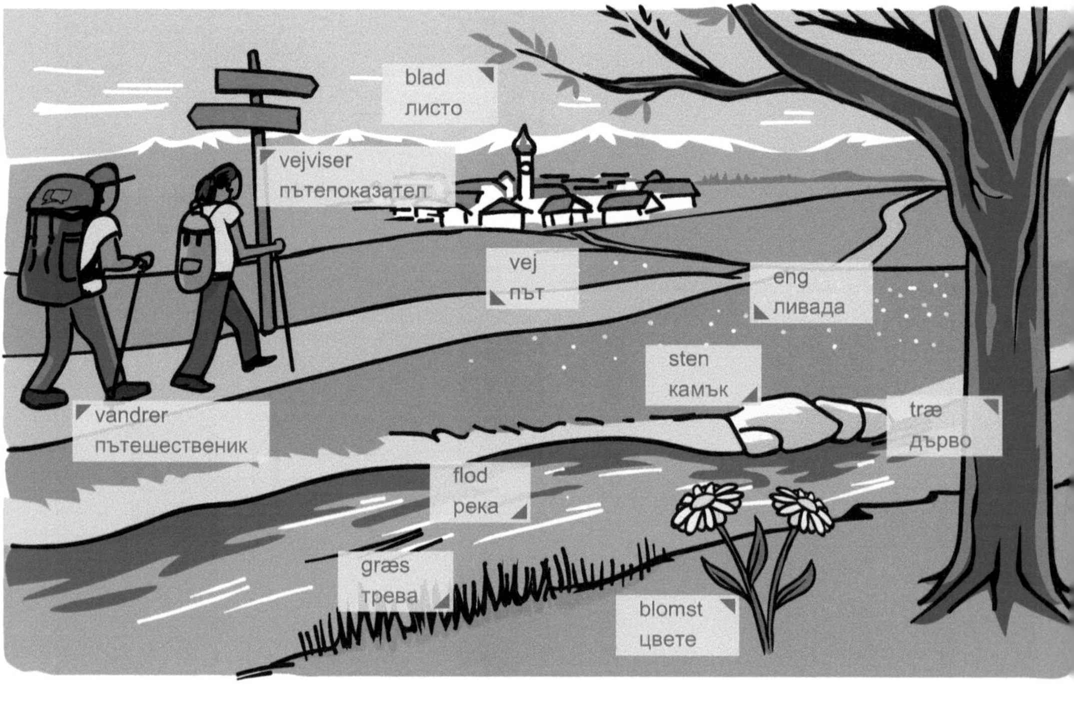

blad
листо

vejviser
пътепоказател

vej
път

eng
ливада

sten
камък

træ
дърво

vandrer
пътешественик

flod
река

græs
трева

blomst
цвете

dal

долина

bjerg

планина

sø

море

skov

гора

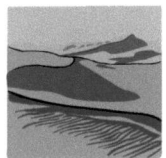

ørken

пустиня

vulkan

вулкан

slot

замък

regnbue

дъга

svamp

гъба

palme

палма

moskito

комар

flue

муха

myre

мравка

bi

пчела

edderkop

паяк

bille

бръмбар

frø

жаба

egern

катеричка

pindsvin

таралеж

hare

заек

ugle

кукумявка

fugl

птица

svane

лебед

vildsvin

диво прасе

hjort

елен

elg

лос

dæmning

бент

vindmølle

вятърна турбина

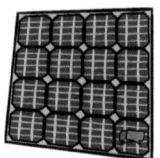

solcellemodul

соларен модул

klima

климат

restaurant
ресторант

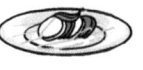

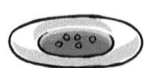

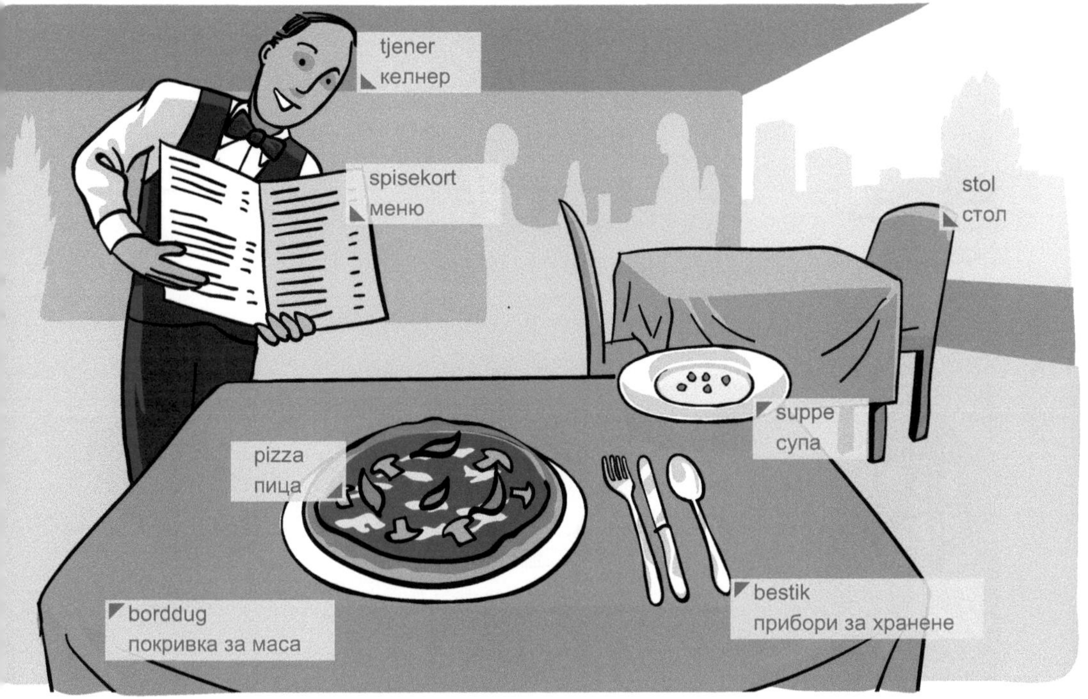

tjener
келнер
spisekort
меню
stol
стол
suppe
супа
pizza
пица
bestik
прибори за хранене
borddug
покривка за маса

forret
предястие

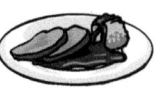

hovedret
основно ястие

dessert
десерт

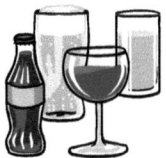

drikkevarer
напитки

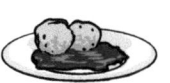

mad
ядене

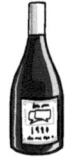

flaske
бутилка

fastfood

бързо хранене

streetfood

улична храна

tekande

кана за чай

sukkerdåse

кутия за захар

portion

порция

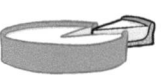

espressomaskine

еспресо машина

barnestol

висок детски стол

faktura

сметка

tablet

табла

kniv

ножица за нокти

gaffel

вилица

ske

лъжица

teske

чаена лъжичка

serviet

салфетка

glas

стъклена чаша

tallerken

чиния

dyb tallerken

чиния за супа

underkop

чинийка

sovs

сос

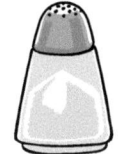

saltbøsse

солница

peberkværn

мелничка за черен пипер

eddike

оцет

olie

олио

krydderier

подправки

ketchup

кетчуп

sennep

горчица

mayonnaise

майонеза

supermarked

супермаркет

tilbud
оферта
FOR
kunde
клиент
mælkeprodukter
млечни продукти
frugt
плодове
indkøbsvogn
количка за покупки

BUTCHERS

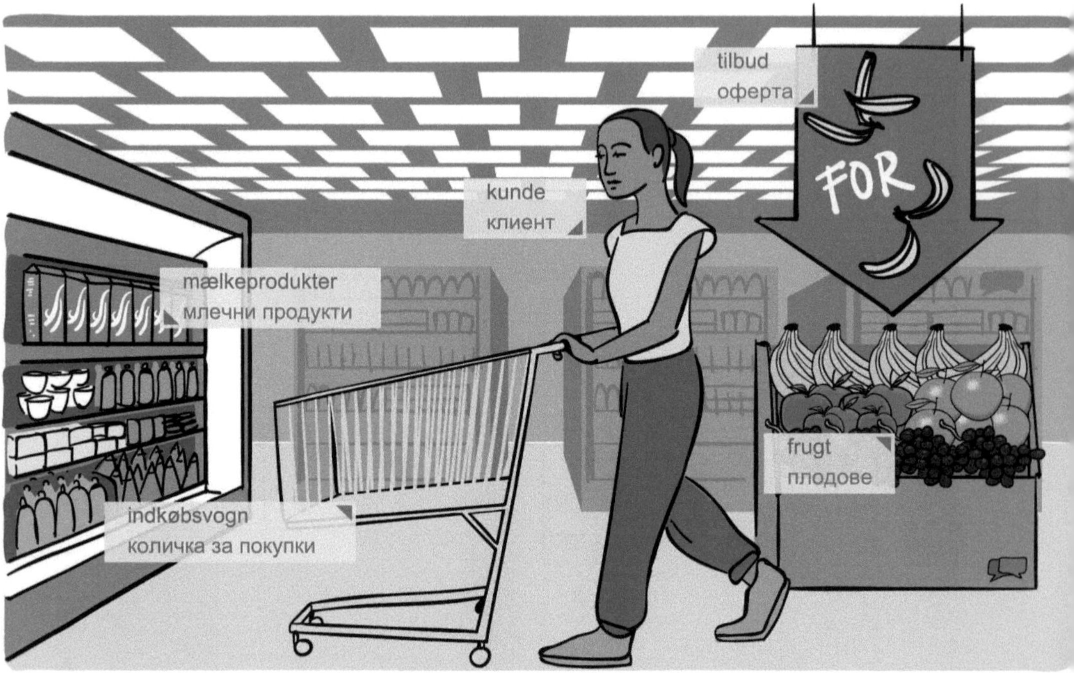

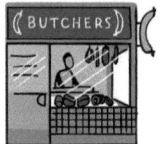

slagter

кланица

BAKERY

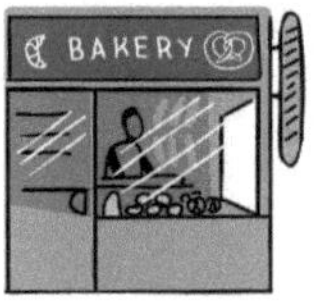

bageri

хлебарница

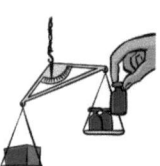

veje

тегля

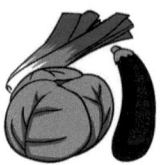

grøntsager

зеленчуци

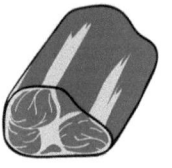

kød

месо

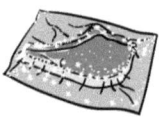

frostvarer

дълбоко замразена храна

pålæg

нарязан колбас или
сирене

konserves

консерви

vaskemiddel

перилен препарат

slik

лакомства

husholdningsvarer

домакински изделия

rengøringsmidler

почистващи препарати

ekspedient

продавачка

kasse

каса

kasserer

касиер

indkøbsliste

списък на покупките

åbningstider

работно време

tegnebog

портфейл

kreditkort

кредитна карта

taske

чанта

plasticpose

пластмасова торба

vand

вода

saft

сок

mælk

мляко

cola

кола

vin

вино

øl

бира

alkohol

алкохол

kakao

какао

te

чай

kaffe

кафе машина

espresso

еспресо

cappuccino

капучино

banan

банан

æble

ябълка

appelsin

портокал

melon

пъпеш

citron

лимон

gulerod

морков

hvidløg

чесън

bambus

бамбук

løg

лук

svamp

гъба

nødder

ядки

nudler

макарони

spaghetti

спагети

ris

ориз

salat

салата

pomfritter

пържени картофи

stegte kartofler

печени картофи

pizza

пица

hamburger

хамбургер

sandwich

сандвич

schnitzel

шницел

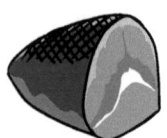

skinke

шунка

salami

траен колбас

pølse

салам

kylling

пиле

steg

печено

fisk

риба

havregryn

овесени ядки

mysli

мюсли

cornflakes

корнфлейкс

mel

брашно

croissant

кроасан

rundstykke

хлебчета

brød

хляб

toast

препечена филийка

kiks

бисквити

smør

масло

kvark

извара

kage

сладкиш

æg

яйце

spejlæg

яйца на очи

ost

сирене

is

сладолед

sukker

захар

honning

мед

marmelade

мармалад

nougat-creme

нуга крем

karry

къри

bondegård
селски двор

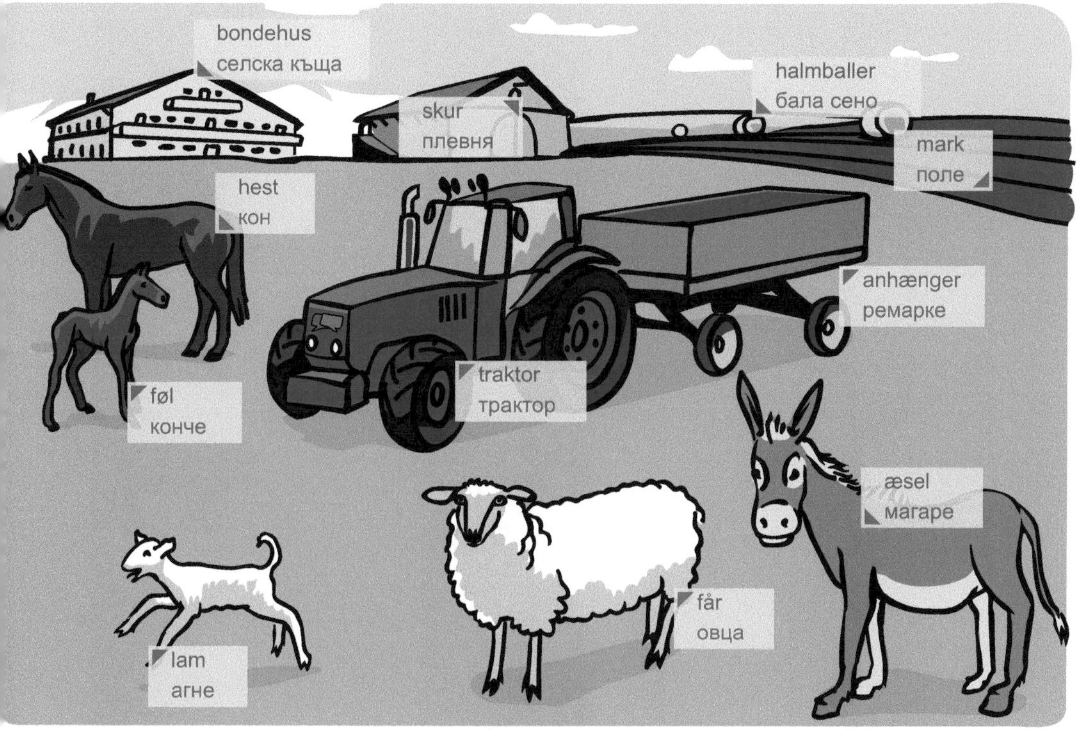
bondehus
селска къща
halmballer
бала сено
skur
плевня
mark
поле
hest
кон
anhænger
ремарке
traktor
трактор
føl
конче
æsel
магаре
får
овца
lam
агне

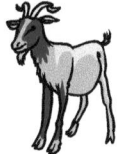

ged

коза

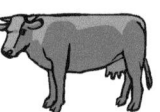

ko

крава

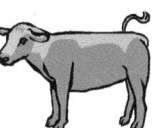

kalv

теле

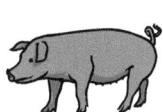

svin

свиня

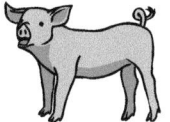

gris

прасенце

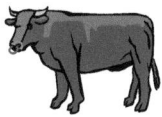

tyr

бик

gås

гъска

and

патица

kylling

пиленце

høne

кокошка

hane

петел

rotte

плъх

kat

котка

mus

мишка

okse

вол

hund

куче

hundehus

кучешка колиба

haveslange

градински маркуч

vandkande

лейка

le

коса

plov

плуг

segl

сърп

hakkejern

мотика

møggreb

вила за тор

økse

брадва

trillebør

ръчна количка

trug

корито

mælkekande

съд за мляко

sæk

чувал

hæk

ограда

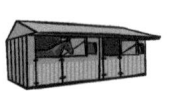

stald

обор

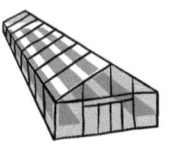

drivhus

парник

jord

земя

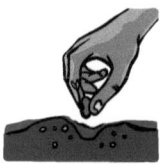

frø

сеитба

gødning

тор

mejetærsker

комбайн

høste

жъна

høst

реколта

yams

ямс

hvede

жито

soja

соя

kartoffel

картоф

majs

царевица

raps

рапица

frugttræ

овощно дърво

maniok

маниока

korn

зърнени храни

bondegård - селски двор

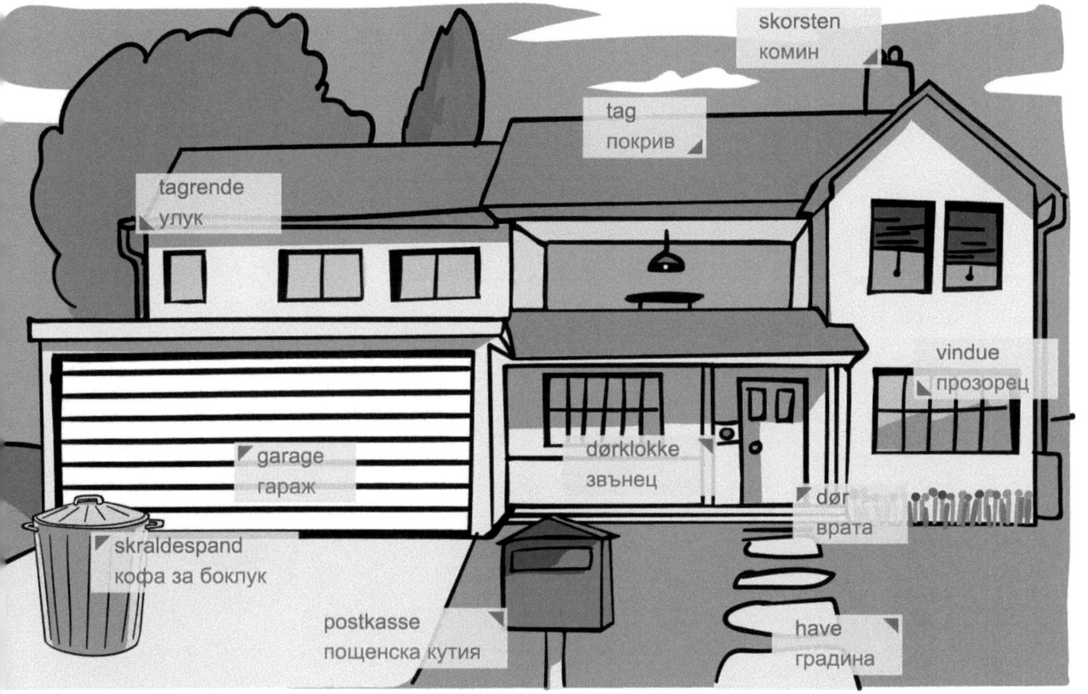

skorsten
комин

tag
покрив

tagrende
улук

vindue
прозорец

garage
гараж

dørklokke
звънец

dør
врата

skraldespand
кофа за боклук

postkasse
пощенска кутия

have
градина

stue

всекидневна

badeværelse

баня

køkken

кухня

soveværelse

спалня

børneværelse

детска стая

spisestue

трапезария

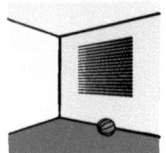

gulv
под

væg
стена

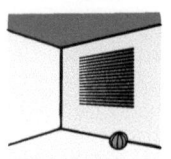

loft
таван

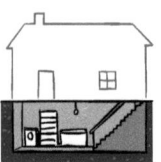

kælder
изба

sauna
сауна

altan
балкон

terrasse
тераса

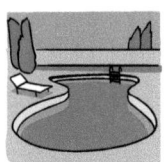

svømmehal
плувен басейн

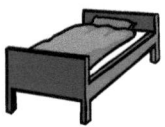

plæneklipper
косачка

dynebetræk
спално бельо

dyne
покривка за легло

seng
легло

kost
метла

spand
кофа

kontakt
електрически ключ

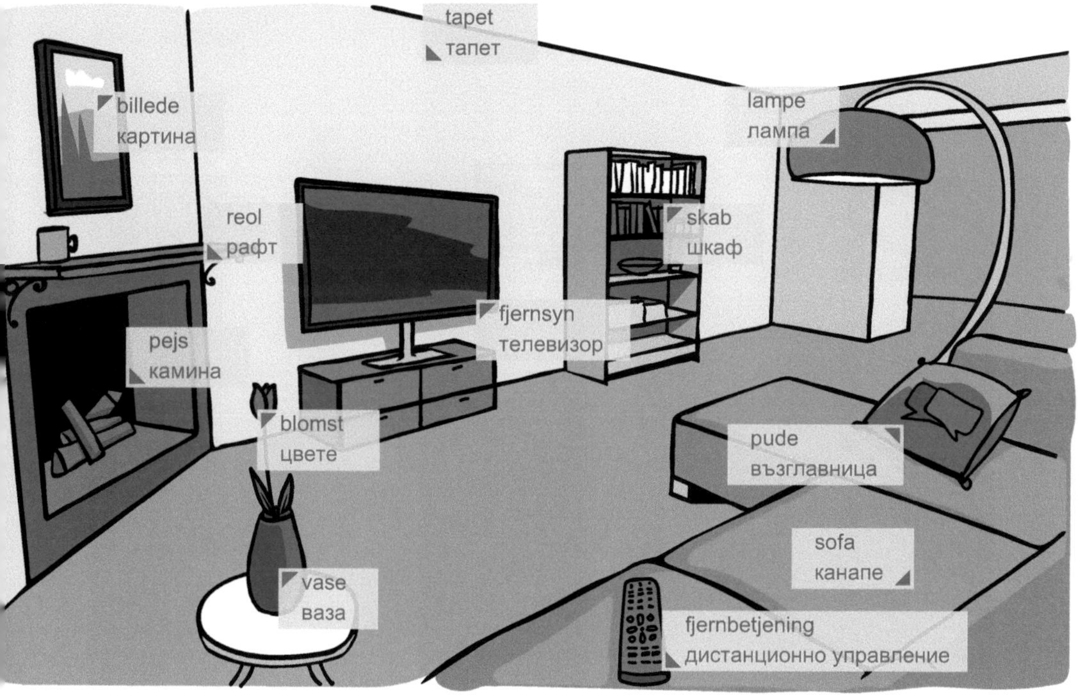

tapet
тапет

billede
картина

lampe
лампа

reol
рафт

skab
шкаф

pejs
камина

fjernsyn
телевизор

blomst
цвете

pude
възглавница

vase
ваза

sofa
канапе

fjernbetjening
дистанционно управление

gulvtæppe

килим

gardin

завеса

bord

маса

stol

стол

gyngestol

люлеещ се стол

lænestol

кресло

bog

книга

tæppe

одеяло

dekoration

декорация

brænde

дърва за отопление

film

филм

stereoanlæg

стерео уредба

nøgle

ключ

avis

вестник

maleri

живопис

plakat

постер

radio

радио

notesblok

бележник

støvsuger

прахосмукачка

kaktus

кактус

lys

свещ

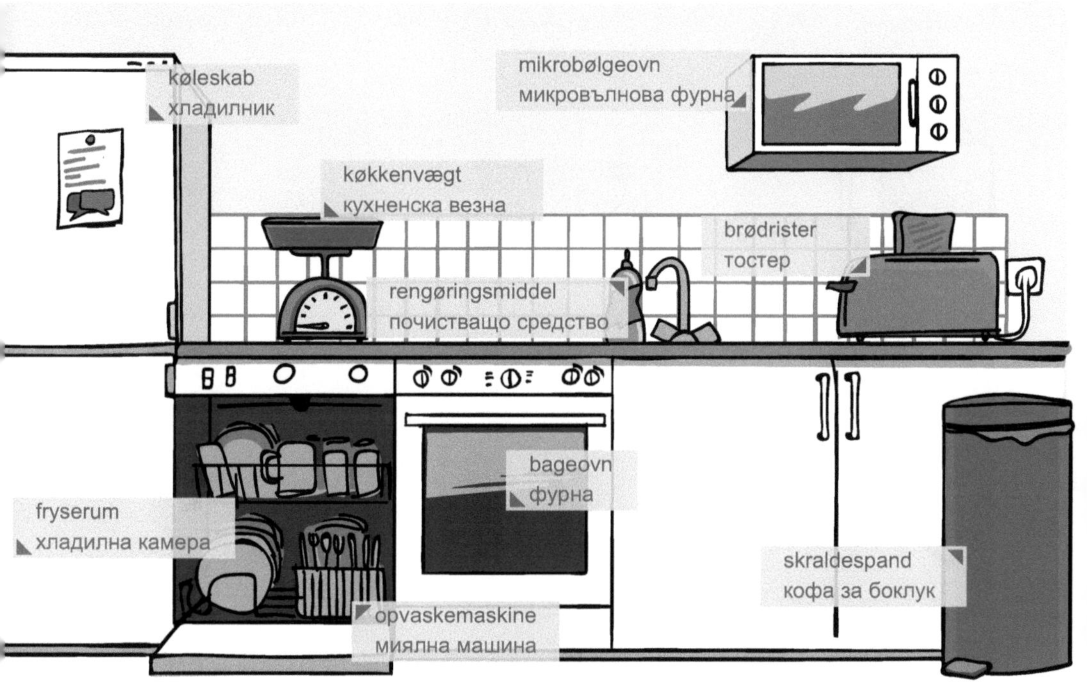

køleskab
хладилник

mikrobølgeovn
микровълнова фурна

køkkenvægt
кухненска везна

brødrister
тостер

rengøringsmiddel
почистващо средство

fryserum
хладилна камера

bageovn
фурна

skraldespand
кофа за боклук

opvaskemaskine
миялна машина

komfur
....
готварска печка

gryde
....
тенджера

jerngryde
....
желязна тенджера

wok / kadai
....
уок / кадаи

pande
....
тиган

elkedel
....
кана за затопляне на вода

dampkoger

уред за готвене на пара

bageplade

тава за печене

service

съдове

bæger

чаша

skål

купа

spisepinde

клечки за хранене

øseske

черпак

paletkniv

лопатка за тиган

piskeris

тел за разбиване (на яйца, белтъци)

dørslag

кошница за варене

si

гевгир

rive

ренде

morter

хаван

grille

барбекю

ildsted

огнище

skærebræt

дъска

kagerulle

точилка

proptrækker

тирбушон

dåse

кутия

dåseåbner

отварачка за консерви

grydelap

кухненска ръкохватка

køkkenvask

мивка

børste

четка

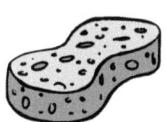

svamp

гъба

blender

миксер

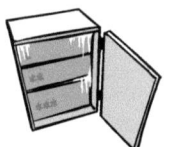

dybfryser

фризер

sutteflaske

бебешко шише

vandhane

воден кран

badeværelse
баня

radiator
отопление

bruserbad
душ

håndklæde
хавлиена кърпа

skumbad
шампоан за вана

bruserforhæng
завеса за баня

badekar
вана

glas
стъклена чаша

vaskemaskine
перална машина

vandhane
воден кран

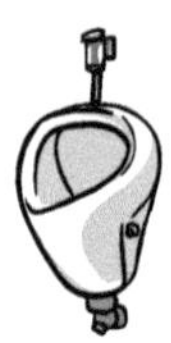

fliser
плочки

tissepotte
гърне

køkkenvask
мивка

toilet	hugsiddende toilet	bidet
тоалетна	клекало	биде

pissoir	toiletpapir	toiletbørste
писоар	тоалетна хартия	четка за тоалетна

tandbørste

четка за зъби

tandpasta

паста за зъби

tandtråd

конец за зъби

vaske

мия

håndbruser

ръчен душ

intimbruser

интимен душ

vaskefad

леген

badebørste

четка за гръб

sæbe

сапун

brusegele

душ гел

shampoo

шампоан за вана

vaskeklud

гъба за баня

afløb

сифон

creme

крем

deodorant

дезодорант

spejl

огледало

kosmetikspejl

козметично огледало

barberhøvl

ръчна самобръсначка

barberskum

пяна за бръснене

barbervand

одеколон за след
бръснене

kam

гребен

børste

четка

hårtørrer

сешоар

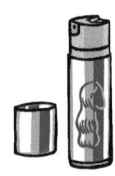

hårspray

спрей за коса

makeup

грим

læbestift

червило

neglelak

лак за нокти

vat

памук

neglesaks

ножица за нокти

parfume

парфюм

toilettaske

тоалетна чантичка

skammel

табуретка

vægt

везна

badekåbe

хавлия

gummihandsker

домакински ръкавици

tampon

тампон

damebind

дамски преврръзки

kemisk toilet

химическа тоалетна

børneværelse
детска стая

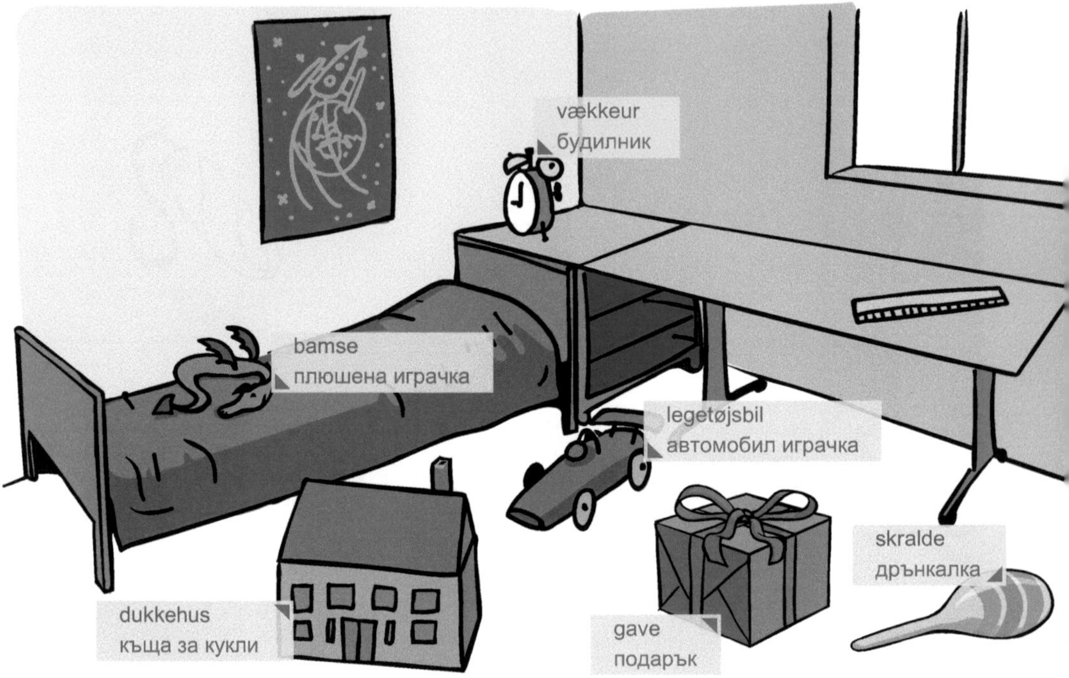
vækkeur
будилник
bamse
плюшена играчка
legetøjsbil
автомобил играчка
skralde
дрънкалка
dukkehus
къща за кукли
gave
подарък

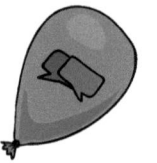

ballon
балон

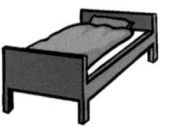

seng
легло

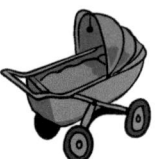

barnevogn
детска количка

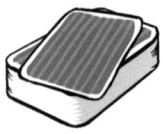

kortspil
игра на карти

puslespil
пъзел

SUPER
MEGA

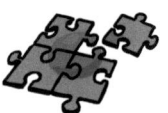

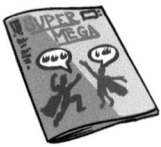

tegneserie
комикс

legoklodser

лего елементи

byggeklodser

строителни елементи

action figur

екшън фигурка

sparkedragt

бебешки гащеризон

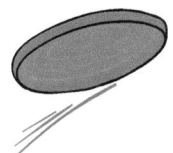

frisbee

фрисби

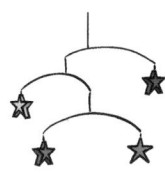

uro

бебешки играчки за легло

brætspil

настолна игра

terning

зарче

modeljernbane

миниатюрно влакче

sut

биберон

fest

парти

billedbog

детска книга с илюстрации

bold

топка

dukke

кукла

lege

играя

sandkasse

пясъчник

gynge

люлка

legetøj

играчка

spillekonsol

игрова конзола

trehjulet cykel

велосипед с три колелета

bamse

плюшено мече

klædeskab

гардероб

tøj

облекло

sokker

къси чорапи

strømper

дълги чорапи

strømpebukser

чорапогащник

sjal
шал

paraply
чадър

T-shirt
Т-шърт

bælte
колан

støvler
ботуши

hjemmesko
пантофи

sneakers
гуменки

sandaler
....
сандали

sko
....
обувки

gummistøvler
....
гумени ботуши

underbukser
....
слип

BH
....
сутиен

undertrøje
....
долна блуза

body
боди

bukser
панталон

jeans
дънки

nederdel
пола

bluse
блуза

skjorte
риза

pullover
пуловер

sweatshirt
суичър

blazer
блейзър

jakke
яке

frakke
палто

regnfrakke
дъждобран

kostume
костюм

kjole
рокля

brudekjole
булчинска рокля

tøj - облекло

jakkesæt

костюм

nattrøje

нощница

pyjamas

пижама

sari

сари

hovedtørklæde

кърпа за глава

turban

тюрбан

burka

бурка

kaftan

кафтан

abaya

абая

badedragt

бански костюм

badebukser

плувни шорти

korte bukser

къс панталон

træningsdragt

анцуг

forklæde

престилка

handsker

ръкавици

knap

копче

briller

очила

armbånd

гривна

kæde

верижка

ring

пръстен

ørering

обеца

hue

каскет

bøjle

закачалка

hat

шапка

slips

вратовръзка

lynlås

цип

hjelm

каска

seler

тиранти

skoleuniform

ученическа униформа

uniform

униформа

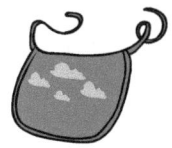

hagesmæk

лигавник

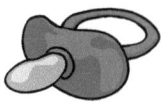

sut

биберон

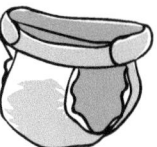

ble

пелена

kontor

офис

server
сървър
arkivskab
шкаф за документи
printer
принтер
papir
хартия
skærm
монитор
mus
мишка
skrivebord
бюро
mappe
папка
tastatur
клавиатура
papirkurv
кошче за хартиени отпадъци
computer
компютър
stol
стол

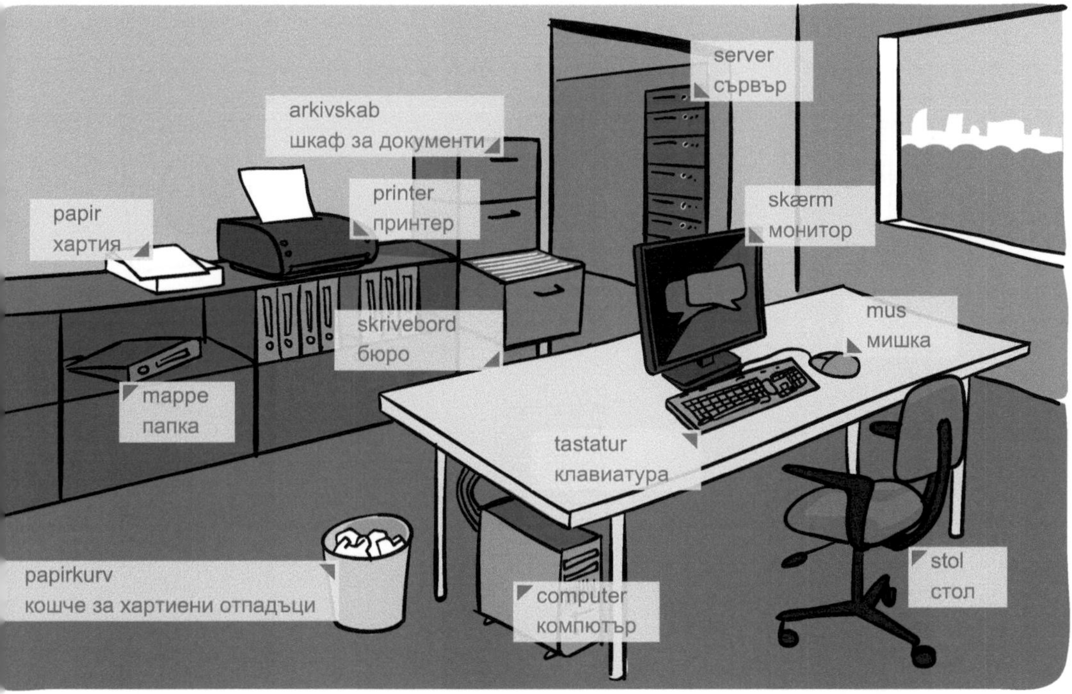

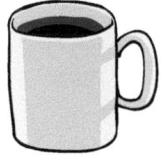

kaffekrus

чаша за кафе

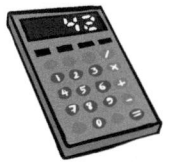

lommeregner

джобен калкулатор

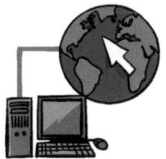

internet

интернет

bærbar

лаптоп

brev

писмо

besked

съобщение

mobil

мобилен телефон

netværk

мрежа

kopimaskine

ксерокс

software

софтуер

telefon

телефон

stikdåse

контакт

fax

факс

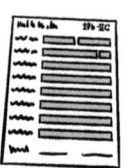

formular

формуляр

dokument

документ

købe
....
купувам

betale
....
плащам

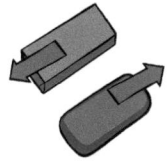

handle
....
търгувам

penge
....
пари

dollar
....
долар

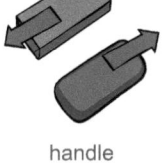

euro
....
евро

yen
....
йена

rubel
....
рубла

schweizerfranc
....
швейцарски франк

renminbi yuan
....
ренминби юан

rupee
....
рупия

hæveautomat
....
банкомат

vekselkontor

обменно бюро

guld

злато

sølv

сребро

olie

нефт

energi

енергия

pris

цена

kontrakt

договор

skat

данък

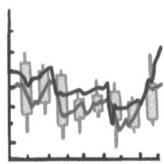

aktie

акция

arbejde

работя

ansat

служител

arbejdsgiver

работодател

fabrik

фабрика

butik

магазин за цветя

erhverv
професии

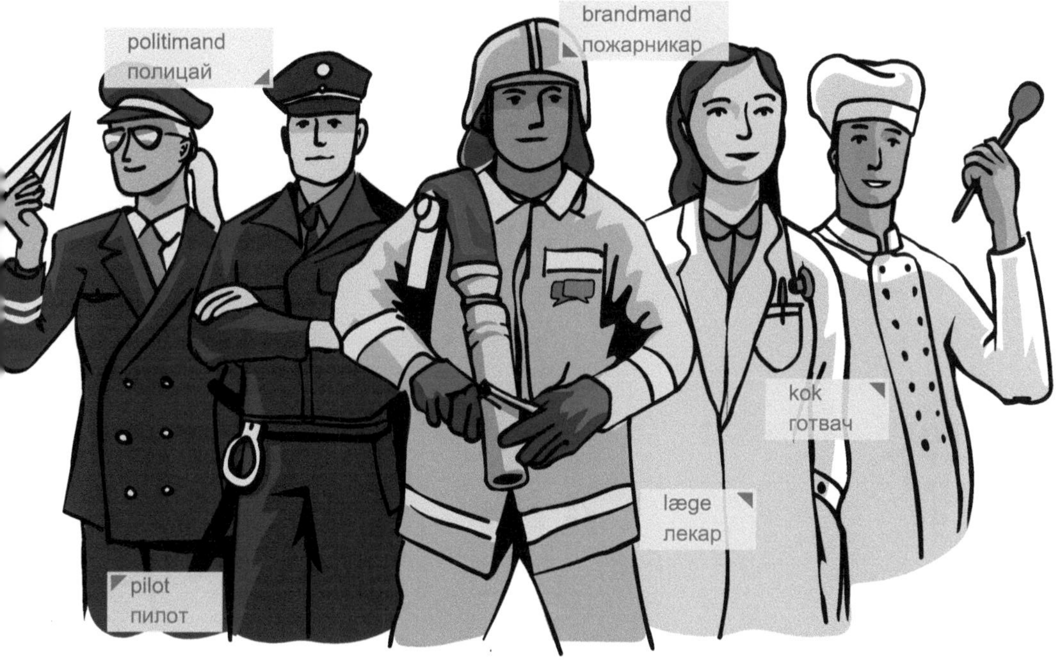

politimand
полицай
brandmand
пожарникар
kok
готвач
læge
лекар
pilot
пилот

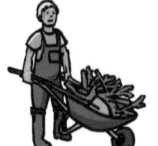

gartner

градинар

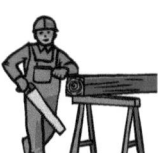

tømrer

мебелист

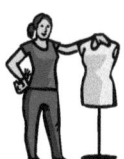

syerske

шивачка

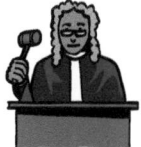

dommer

съдия

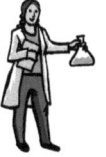

kemiker

химик

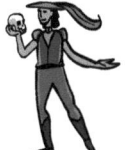

skuespiller

артист

buschauffør

шофьор на автобус

taxachauffør

шофьор на такси

fisker

рибар

rengøringskone

чистачка

tagdækker

майстор на покриви

tjener

келнер

jæger

ловец

maler

художник

bager

хлебар

elektriker

електротехник

bygningsarbejder

строителен работник

ingeniør

инженер

slagter

касапин

vvs-mand

тенекеджия

postbud

пощальон

soldat

войник

arkitekt

архитект

kasserer

касиер

blomsterhandler

цветар

frisør

фризьор

togfører

кондуктор

mekaniker

механик

kaptajn

капитан

tandlæge

зъболекар

videnskabsmand

научен работник

rabbiner

равин

imam

имàм

munk

монах

præst

свещеник

værktøj

инструменти

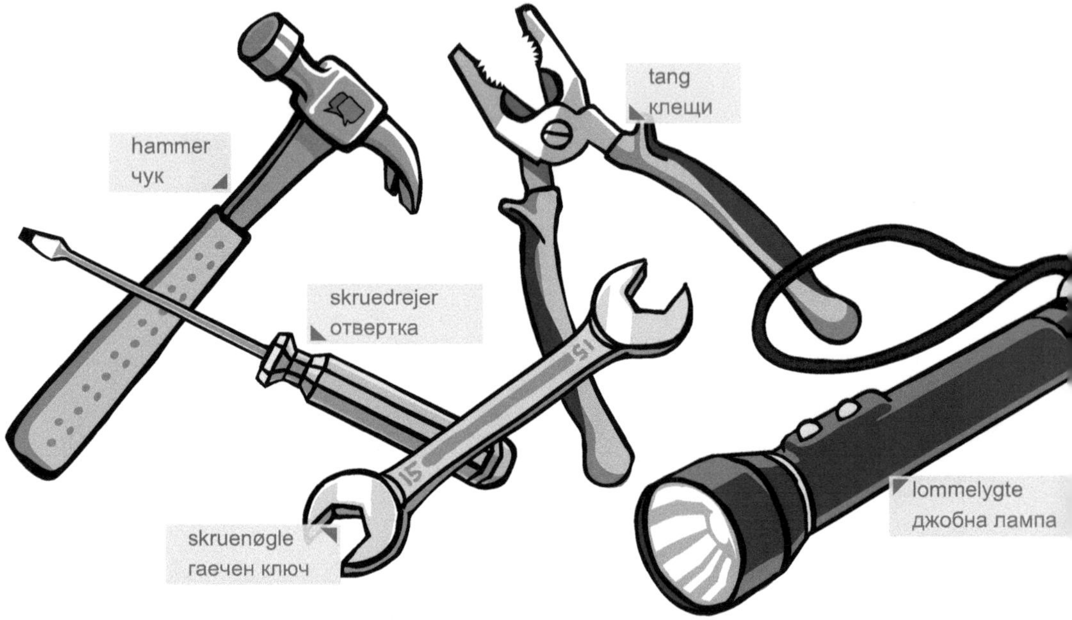

hammer
чук
tang
клещи
skruedrejer
отвертка
skruenøgle
гаечен ключ
lommelygte
джобна лампа

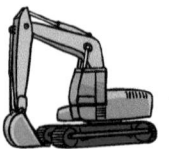

gravemaskine

багер

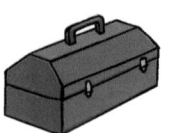

værktøjskasse

кутия за инструменти

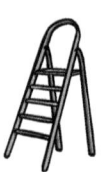

stige

стълба

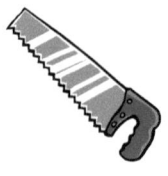

sav

трион

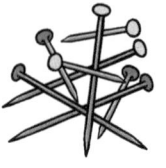

søm

пирони

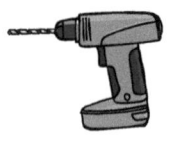

bor

бормашина

reparere

ремонтирам

skovl

лопата

Lort!

По дяволите!

fejebakke

лопатка за смет

malerspand

кутия за боя

skruer

болтове

musikinstrumenter
музикални инструменти

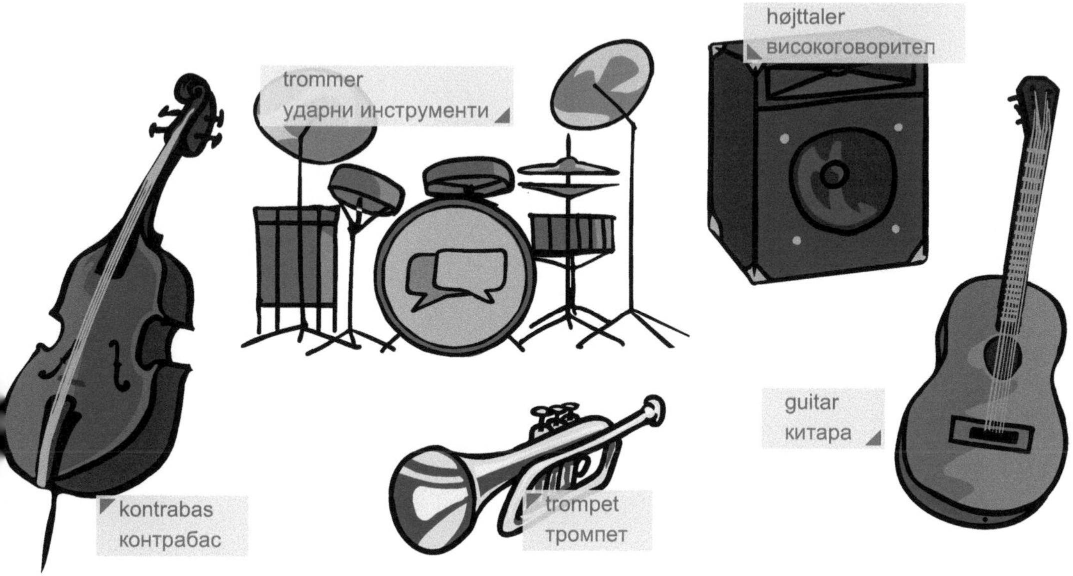

trommer
ударни инструменти

højttaler
високоговорител

guitar
китара

kontrabas
контрабас

trompet
тромпет

klaver

пиано

violin

виолина

bas

контрабас

pauke

тимпан

tromme

барабан

keyboard

електрическо пиано

saxofon

саксофон

fløjte

флейта

mikrofon

микрофон

zoo

зоологическа градина

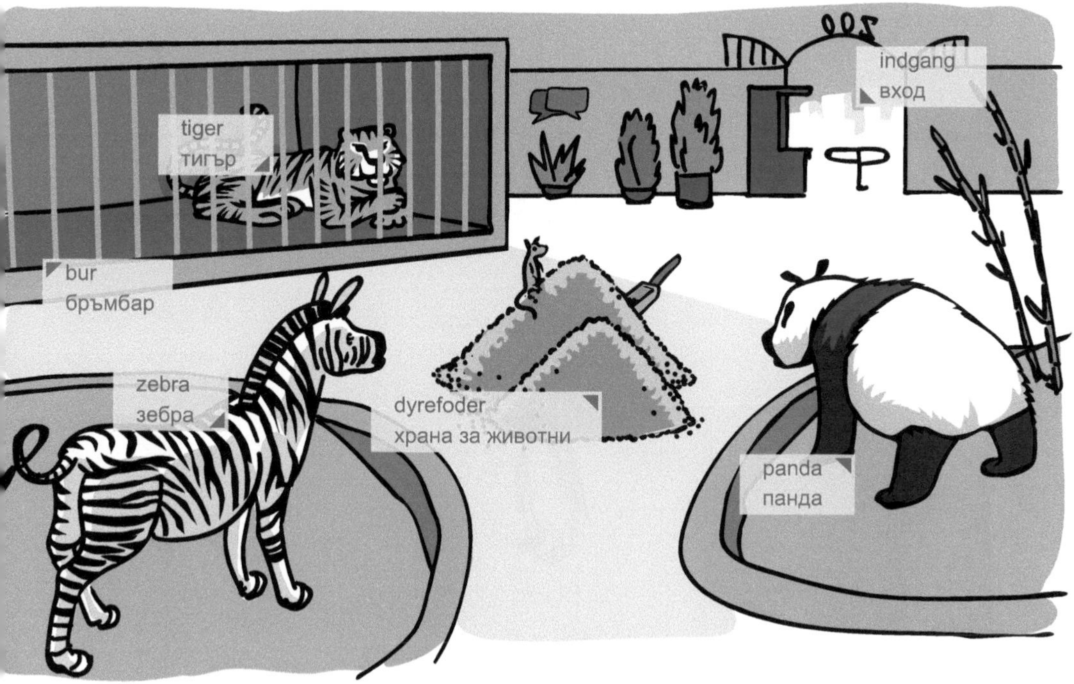
indgang
вход
tiger
тигър
bur
бръмбар
zebra
зебра
dyrefoder
храна за животни
panda
панда

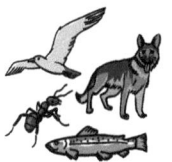

dyr

животни

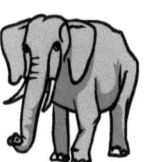

elefant

слон

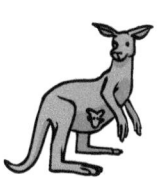

kænguru

кенгуру

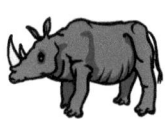

næsehorn

носорог

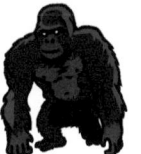

gorilla

горила

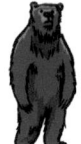

bjørn

мечка

kamel

камила

struds

щраус

løve

лъв

abe

маймуна

flamingo

фламинго

papegøje

папагал

isbjørn

бяла мечка

pingvin

пингвин

haj

акула

påfugl

паун

slange

змия

krokodille

крокодил

dyrepasser

пазач в зоологическа
градина

sæl

тюлен

jaguar

ягуар

zoo - зоологическа градина

pony

пони

leopard

леопард

flodhest

хипопотам

giraf

жираф

ørn

орел

vildsvin

диво прасе

fisk

риба

skildpadde

костенурка

hvalros

морж

ræv

лисица

gazelle

газела

amerikansk football
американски футбол

cykling
колоездене

tennis
тенис

basketball
баскетбол

svømning
плуване

boksning
бокс

ishockey
хокей на лед

fodbold

футбол

badminton

бадминтон

atletik

лека атлетика

håndbold

хандбал

skiløb

ски бягане

polo

поло

aktiviteter
дейности

grine
смея се
springe
скачам
give et knus
прегръщам
gå
вървя
synge
пея
drømme
сънувам
bede
моля се
kysse
целувам

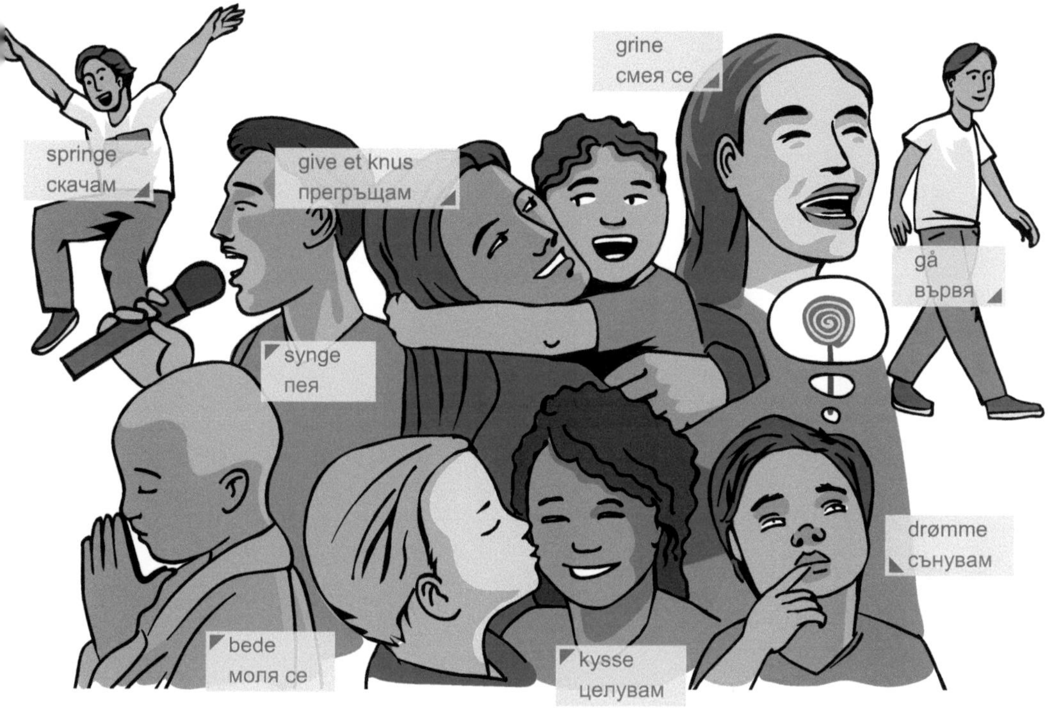

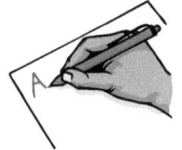

skrive

пиша

tegne

рисувам

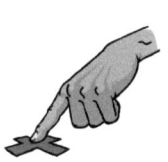

vise

показвам

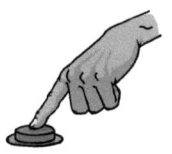

skubbe

бутам

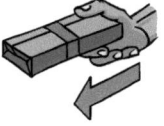

give

давам

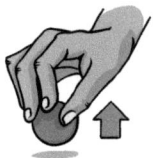

tage

взимам

have

имам

gøre

правя

være

съм

stå

стоя

løbe

тичам

trække

дърпам

kaste

хвърлям

falde

падам

ligge

лежа

vente

чакам

bære

нося

sidde

седя

tage på

обличам

sove

спя

vågne

събуждам се

se på
разглеждам

græde
плача

ae
милвам

kæmme
реша се

tale
говоря

forstå
разбирам

spørge
питам

høre
слушам

drikke
пия

spise
ям

rydde op
разтребвам

elske
обичам

koge
готвя

køre
карам автомобил

flyve
летя

aktiviteter - дейности

sejle

плавам (с платна)

regne

смятане

læse

чета

lære

уча

arbejde

работя

gifte sig med

женя се

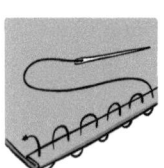

sy

шия

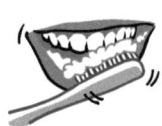

børste tænder

измивам си зъбите

dræbe

убивам

ryge

пуша

sende

изпращам

bedstemor
баба

bedstefar
дядо

far
баща

mor
майка

baby
бебе

datter
дъщеря

søn
син

gæst

посетител

tante

леля

onkel

чичо

bror

брат

søster

сестра

krop

тяло

pande
чело
øje
око
skulder
рамо
finger
пръст
ansigt
лице
hage
брадичка
hånd
ръка
ben
крак
bryst
гърди
arm
ръка

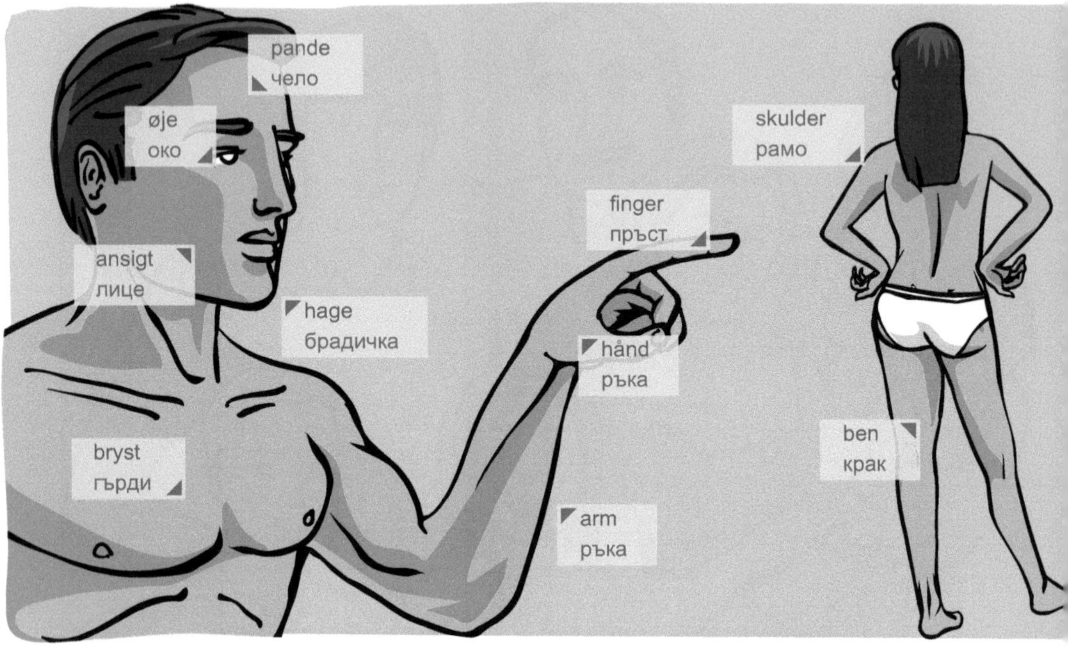

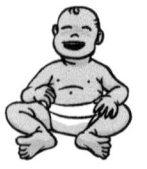

baby
бебе

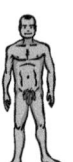

mand
мъж

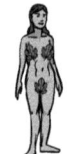

kvinde
жена

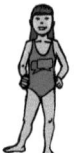

pige
момиче

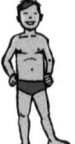

dreng
момче

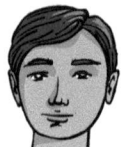

hoved
глава

ryg

гръб

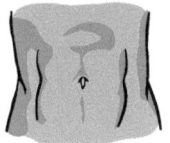

mave

корем

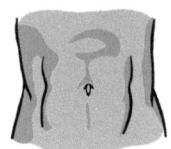

navle

пъп

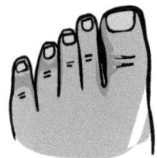

tå

пръст на крака

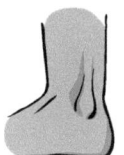

hæl

пета

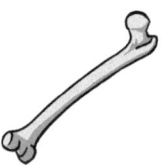

knogle

кост

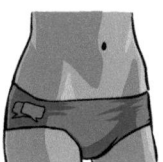

hofte

хълбок

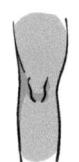

knæ

коляно

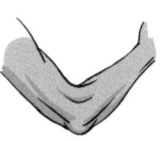

albue

лакът

næse

нос

bagdel

седалище

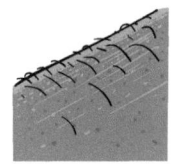

hud

кожа

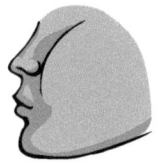

kind

буза

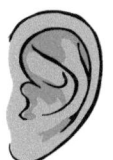

øre

ухо

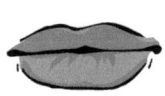

læbe

устна

mund

уста

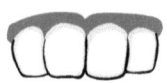

tand

зъб

tunge

език

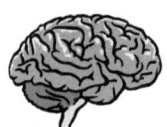

hjerne

мозък

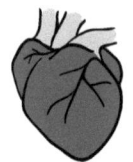

hjerte

сърце

muskel

мускул

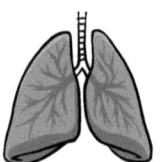

lunge

бял дроб

lever

черен дроб

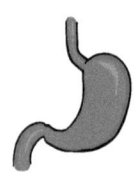

mavesæk

стомах

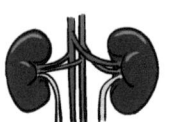

nyrer

бъбреци

sex

полово сношение

kondom

кондом

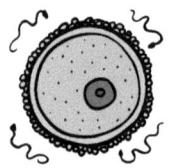

ægcelle

яйцеклетка

sperm

сперма

svangerskab

бременност

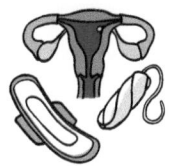

menstruation

менструация

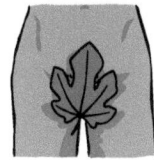

vagina

вагина

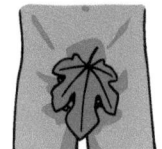

penis

пенис

øjenbryn

вежда

hår

коса

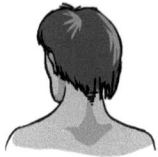

hals

шия

sygehus
болница

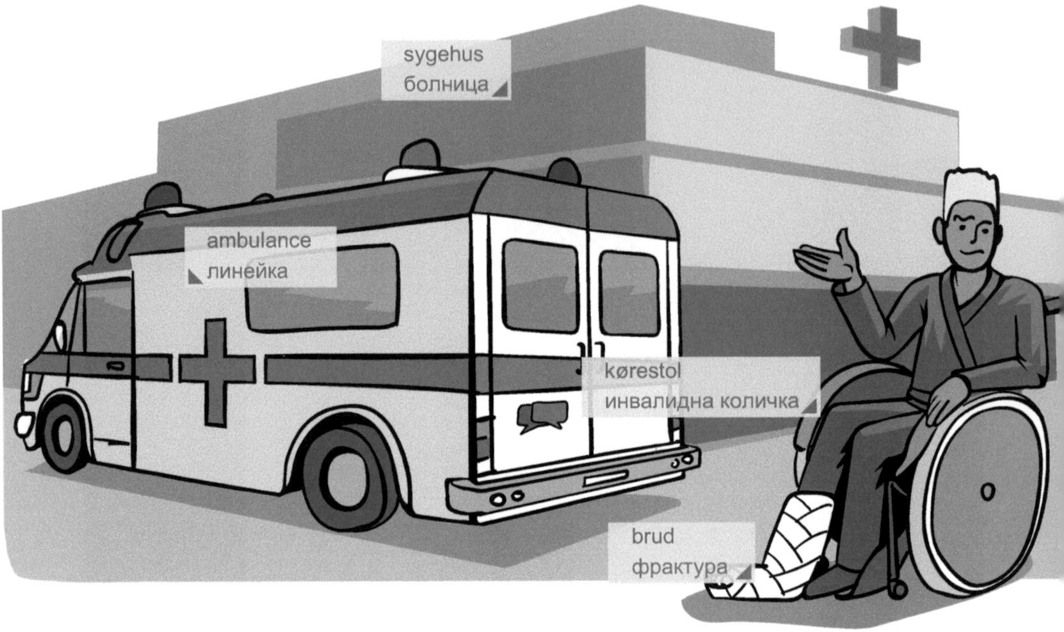

sygehus
болница
ambulance
линейка
kørestol
инвалидна количка
brud
фрактура

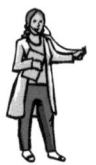

lægе
лекар

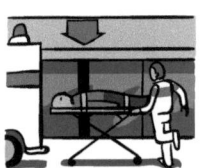

akutmodtagelse
спешна хоспитализация

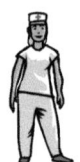

sygeplejerske
медицинска сестра

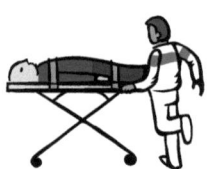

nødstilfælde
спешен случай

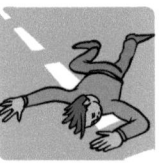

bevidstløs
в безсъзнание

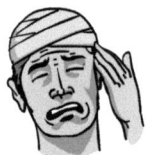

smerte
болка

skade

нараняване

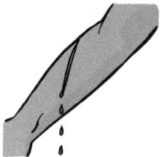

blødning

кървене

hjerteinfarkt

инфаркт

slagtilfælde

инсулт

allergi

алергия

hoste

кашлица

feber

температура

influenza

грип

diarré

диария

hovedpine

главоболие

kræft

рак

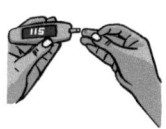

diabetes

диабет

kirurg

хирург

skalpel

скалпел

operation

операция

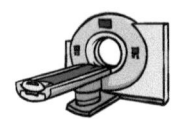

CT

компютърна томография

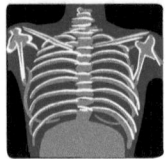

røntgen

рентген

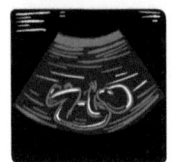

ultralyd

ултразвук

maske

маска

sygdom

болест

venteværelse

чакалня

krykke

патерица

plaster

пластир

forbinding

превръзка

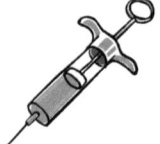

injektion

инжекция

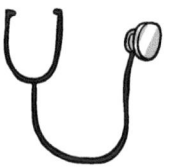

stetoskop

стетоскоп

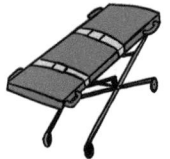

båre

носилка

termometer

термометър

fødsel

раждане

overvægt

наднормено тегло

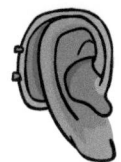

høreapparat

слухов апарат

desinficerende middel

дезинфекционно средство

infektion

инфекция

virus

вирус

HIV / AIDS

HIV / AIDS

medicin

медицина

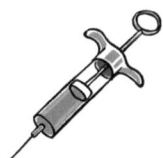

vaccination

ваксинация

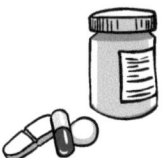

tabletter

таблети

pille

противозачатъчна таблетка

nødopkald

спешно телефонно обаждане

blodtryksmåler

апарат за измерване на кръвното налягане

syg / rask

болен / здрав

Hjælp!

Помощ!

alarm

сигнал за тревога

overfald

нападение

angreb

атака

fare

опасност

nødudgang

авариен изход

Det brænder!

Пожар!

ildslukker

пожарогасител

uheld

злополука

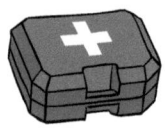

førstehjælps-kuffert

комплект за оказване на
първа помощ

SOS

SOS

politi

полиция

Europa

Европа

Nordamerika

Северна Америка

Sydamerika

Южна Америка

Afrika

Африка

Asien

Азия

Australien

Австралия

Atlanterhavet

Атлантически океан

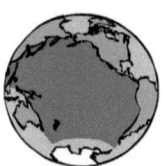

Stillehavet

Тихи океан

Indiske Ocean

Индийски океан

Sydlige Ishav

Южен ледовит океан

Ishav

Северен ледовит океан

Nordpol

Северен полюс

Sydpol

Южен полюс

Antarktis

Антарктида

Jorden

Земя

land

суша

hav

море

ø

остров

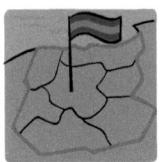

nation

нация

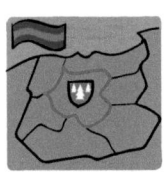

stat

държава

urskive

циферблат

timeviser

стрелка на часовете

minutviser

стрелка на минутите

sekundviser

стрелка на секундите

Hvad er klokken?

Колко е часът?

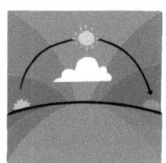

dag

ден

tid

време

nu

сега

digitalur

дигитален часовник

minut

минута

time

час

uge

седмица

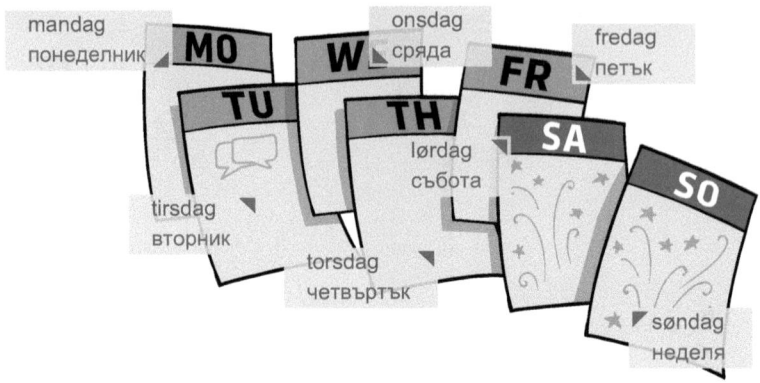

mandag
понеделник

MO

onsdag
сряда

W

fredag
петък

FR

TU

tirsdag
вторник

TH

lørdag
събота

SA

torsdag
четвъртък

SO

søndag
неделя

i går

вчера

i dag

днес

i morgen

утре

morgen

сутрин

middag

обед

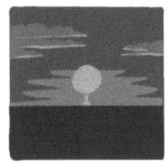

aften

вечер

MO	TU	WE	TH	FR	SA	SU
1	2	3	4	5	6	7
8	9	10	11	12	13	14
15	16	17	18	19	20	21
22	23	24	25	26	27	28
29	30	31	1	2	3	4

arbejdsdage

работни дни

MO	TU	WE	TH	FR	SA	SU
1	2	3	4	5	6	7
8	9	10	11	12	13	14
15	16	17	18	19	20	21
22	23	24	25	26	27	28
29	30	31	1	2	3	4

weekend

уикенд

år

година

regn
дъжд
regnbue
дъга
sne
сняг
vind
вятър
forår
пролет
efterår
есен
sommer
лято
vinter
зима

4.APRIL 11°
5.APRIL 4°
6.APRIL 13°
7.APRIL 8°
8.APRIL 10°

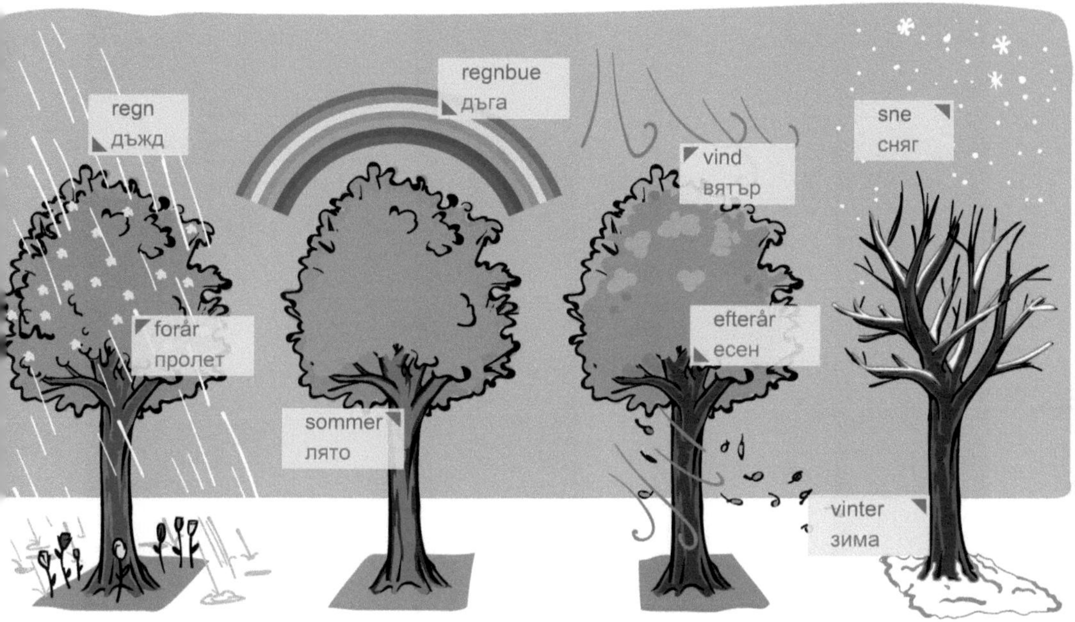

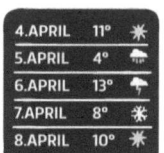

vejrudsigt

прогноза за времето

F
C
120
90
60
30
0
-30
40
30
20
10
0
-10
-20

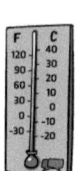

termometer

термометър

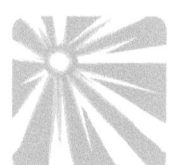

solskin

слънчева светлина

sky

облак

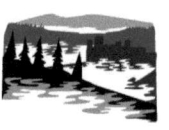

tåge

мъгла

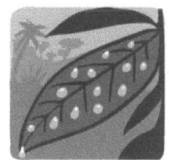

luftfugtighed

влажност на въздуха

lyn

светкавица

torden

гръмотевица

storm

буря

hagl

градушка

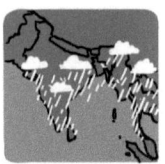

monsun

мусон

flod

наводнение

is

лед

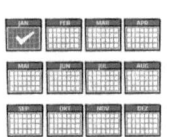

januar

януари

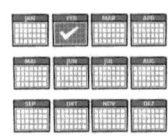

februar

февруари

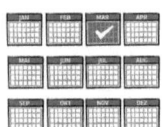

marts

март

april

април

maj

май

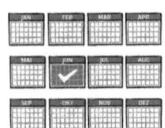

juni

юни

juli

юли

august

август

september

септември

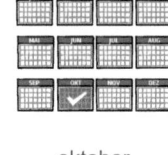

oktober

октомври

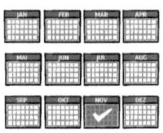

november

ноември

december

декември

former

форми

cirkel

кръг

kvadrat

квадрат

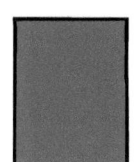

firkant

четириъгълник

trekant

триъгълник

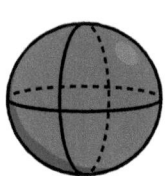

kugle

сфера

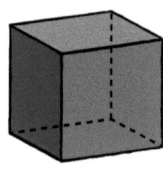

terning

куб

hvid

бял

gul

жълт

orange

оранжев

pink

розов

rød

червен

lilla

лилав

blå

син

grøn

зелен

brun

кафяв

grå

сив

sort

черен

meget / lidt

много / малко

rasende / fredelig

ядосан / спокоен

smuk / grim

красив / грозен

begyndelse / slut

начало / край

stor / lille

голям / малък

lys / mørk

светъл / тъмен

bror / søster

брат / сестра

ren / snavset

чист / мръсен

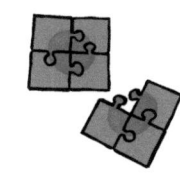

fuldkommen / ufuldkommen

пълен / непълен

dag / nat

ден / нощ

død / levende

мъртъв / жив

bred / smal

широк / тесен

spiselig / uspiselig

ядлив / неядлив

vred / venlig

сърдит / любезен

ophidset / kedet

развълнуван / скучаещ

tyk / tynd

дебел / тънък

først / sidst

най-напред / най-накрая

ven / fjende

приятел / враг

fuld / tom

пълен / празен

hård / blød

твърд / мек

tung / let

тежък / лек

sult / tørst

глад / жажда

syg / rask

болен / здрав

illegal / legal

нелегален / легален

intelligent / dum

интелигентен / глупав

venstre / højre

ляво / дясно

nær / fjern

близо / далече

ny / brugt

нов / употребяван

intet / noget

нищо / нещо

gammel / ung

стар / млад

tændt / slukket

вкл. / изкл.

åben / lukket

отворен / затворен

stille / højt

тих / силен (звук)

rig / fattig

богат / беден

rigtig / forkert

правилен / погрешен

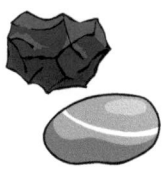

ru / glat

грапав / гладък

ked af det / lykkelig

тъжен / щастлив

kort / lang

дълъг / къс

langsom / hurtig

бавен / бърз

våd / tør

мокър / сух

varm / kold

топъл / студен

krig / fred

война / мир

числа

0

nul

нула

1

en

едно

2

to

две

3

tre

три

4

fire

четири

5

fem

пет

6

seks

шест

7

syv

седем

8

otte

осем

9

ni

девет

10

ti

десет

11

elleve

единадесет

12

tolv

дванадесет

13

tretten

тринадесет

14

fjorten

четиринадесет

15

femten

петнадесет

16

seksten

шестнадесет

17

sytten

седемнадесет

18

atten

осемнадесет

19

nitten

деветнадесет

20

tyve

двадесет

100

hundrede

сто

1.000

tusinde

хиляда

1.000.000

million

милион

sprog
езици

engelsk

английски

amerikansk engelsk

американски английски

kinesisk mandarin

китайски мандарин

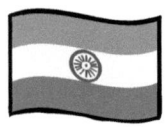

hindi

хинди

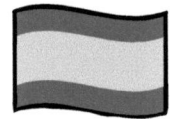

spansk

испански

fransk

френски

arabisk

арабски

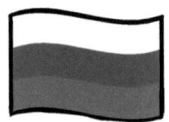

russisk

руски

portugisisk

португалски

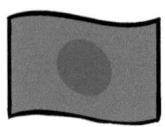

bengalsk

бенгалски

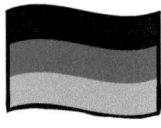

tysk

немски

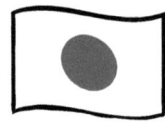

japansk

японски

jeg

аз

du

ти

han / hun / den / det

той / тя / то

vi

ние

I

вие

de

те

hvem?

кой?

hvad?

какво?

hvordan?

как?

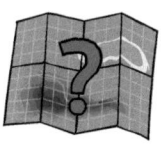

hvor?

къде?

hvornår?

кога?

navn

име

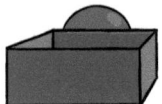

bag
зад

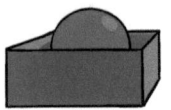

i
в

foran
пред

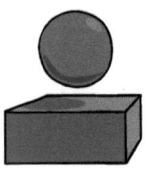

over
над

på
върху

under
под

ved siden af
до

imellem
между

sted
място